MALTA
EN 2 DÍAS

EL PAÍS El Viajero city

MAL

Ahrax Point
Marfa Point
Dhalet Point
Paradise Bay
Marfa Ridge
Ghadira Bay
Biskra
Is Sellum
Il-Qortin
St. Paul's Island
Mellieha
Qawra
Ghadira Bay
Is-Simal
St. Paul's Bay
St. Paul's Bay
Salina Bay
Buggibba
Bajda Ridge
Manikata
In-Nahhalija
Ghajin
Golden Bay
Wadija Ridge
Bur Marrad
Gnejna Bay
Hal Dragu
Mgarr
Zebbiegh
Ta' Zammitello
Skorba
Ta'Hagrat
Naxxar
Fomm ir-Rih Bay
Ta' I-Abatija
Tas-Santi
Ta'Bistra
Ta'Qali
Mtarfa
Madliena
Mdina
Catedral de San Pablo
Catacumbas de Santa Ágata
Catacumbas de San Pablo
Hal Muxi
Rabat
Il-Qaws
Dingli
Acantilados de Dingli
Tal Vecca
MAR MEDITERRÁNEO
Il-Fawwara
Tal-Bajjada
Mnajdra
0
4 km

Mapa de Malta

5 paseos por Malta

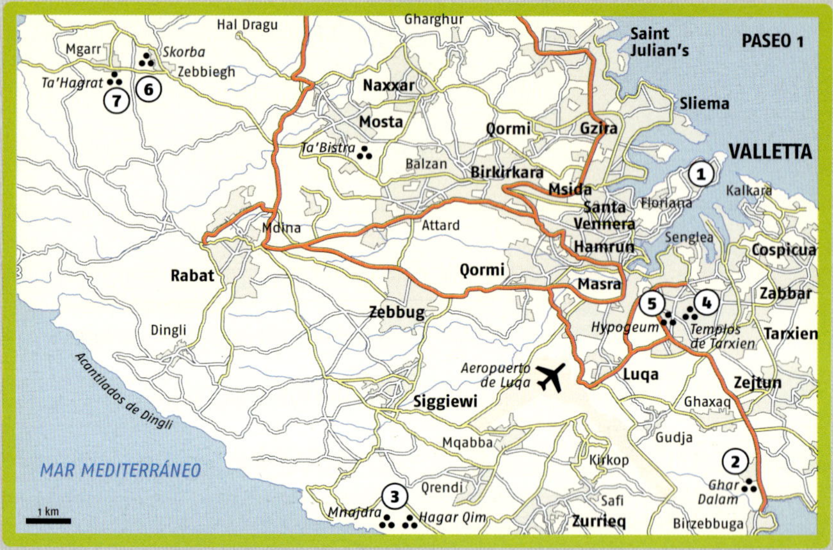

Ta' Bistra
10
Birkirkara
Gzira
VALLETTA
3
4
1
2
5
Rabat
6
Catedral de San Pablo
7
Msida
Hamrun
Cospicua
Catacumbas de Santa Ágata
8
Catacumbas de San Pablo
Qormi
Masra
9
Paola
Zabbar
Dingli
Zebbug
Aeropuerto de Luqa
Zejtun
Luqa
1 km
Siggiewi
11
PASEO 2

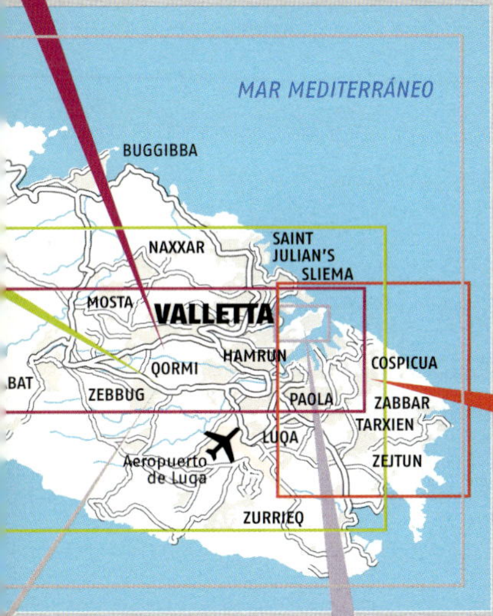
MAR MEDITERRÁNEO
BUGGIBBA
NAXXAR
SAINT JULIAN'S
SLIEMA
MOSTA
VALLETTA
HAMRUN
QORMI
COSPICUA
BAT
ZEBBUG
PAOLA
ZABBAR
TARXIEN
LUQA
Aeropuerto de Luqa
ZEJTUN
ZURRIEQ

Dragutt Point
PASEO 4
1
Fuerte de San Telmo
2
VALLETTA
Floriana
MAR MEDITERRÁNEO
8
7
6
Kalkara
Senglea
5
6
3
Vittoriosa
Xghajra
4
Cospicua
Kordin
Zabbar
San Leonardo
Paola
Zonqor
Fgura
Templos de Tarxien
10
Marsaskala
Tarxien
Kappara
Zejtun
Mignuna Point
St. Thomas Bay
Gudja
Ghaxaq
9
Marsaxlokk
1 km

Bastión de San Sebastián
Bastión de San Gregorio
PASEO 3
Puerto de Marsamxett
Auberge de Aragón
4
Auberge de Bavière
Bastión de San Andrés
Bastión de San Miguel
Fuerte de San Elmo
Museo Nacional de la Guerra
10
Palacio Arzobispal
Catedral Anglicana de San Pablo
Iz-Zekka
Pza. San Elmo
11
Teatro Manoel
Iz-Zekka
Vasalli
Mithna
San Marku
Britannja
Santa Lucija
San Kristofru
Ir-Repubblika
San Nikola
San Duminku
Auberge de Provenza
Palacio del Gran Maestre
9
Bastión de San Lázaro
L'assedju L-Kbir
6
7
Iglesia de San Andrés
Ir-Repubblika
Concatedral de San Juan
8
San Pawl
Sacra Infermeria
Santa Ursula
Palacio Armoury
San Kristofru
Fuente de Tritón
City Gate
1
Auberge de Italia
Britannja
5
San Pawl
Santa Ursula
3
Il-Mall
Sarria
Auberge de Castilla y León
Santa Barbara
Jardines Lower Barracca
FLORIANA
Nelson
San Publju
Id-Dejqa
Jardines Upper Barracca
2
MAR MEDITERRÁNEO
100 m

Malta en un vistazo

Habla la prehistoria

Enclave estratégico en mitad del Mediterráneo, Malta recibió los primeros colonos sicilianos en el año 5500 antes de Jesucristo. Ése fue el inicio de una cultura ecléctica y rica que hoy habla a través de yacimientos y museos.
Página 14

La Valeta barroca

La actual capital de Malta se empezó a construir en 1566 para defender la isla del asedio otomano. De aquella ciudad diseñada a instancias de la Orden de San Juan, hoy sobresalen los albergues o la Sacra Infermeria.
Página 26

Malta en guerra

Primero los fenicios, griegos, romanos y árabes; luego, Napoleón y Winston Churchill... Su posición privilegiada ha traído a esta isla conquistas y batallas, pero también un acervo cultural amplio y variado.
Página 38

Malta en 48 horas

El pintoresco mercadillo de Merchant's Street. Una visita al Museo de la Guerra. El fascinante asentamiento de Ghar Dalam. La encantadora ciudad de Mdina. Los sobrecogedores acantilados de Dingli
Página 44

Datos útiles

¿A qué hora cierra el Museo de Arqueología? ¿Dónde alquilar un coche a buen precio? ¿En qué restaurante disfrutar de una cena romántica? ¡Ninguna pregunta sin respuesta!
Página 54

Sumario

Página
44

La sección "48 horas" está estructurada en dos mañanas y dos tardes.

Datos útiles

Página
54

Información para acceder a los lugares de interés, disfrutar de la mejor cocina y encontrar los mejores *clubes* y discotecas.

5 paseos por Malta

1

PASIÓN POR LA ARQUEOLOGÍA

Secretos de la prehistoria

El primer maltés probablemente vino de Italia. En la encrucijada del Mediterráneo, los navegantes llegaron a Malta por los cuatro puntos cardinales y encontraron un mundo sorprendente.

En el archipiélago maltés se ha situado la mítica isla de Ogygia, donde la ninfa Calypso intentó retener a Ulises durante siete años en su viaje de regreso a Ítaca. Sin embargo, los orígenes de la población de Malta son sabidos más allá de la leyenda. Los primeros asentamientos conocidos datan del año 5500 antes de Jesucristo, cuando habitantes de Sicilia decidieron cruzar el estrecho que separa ambas islas con sencillas canoas. Desde entonces, las muestras prehistóricas en la isla describen a la perfección el desarrollo de la civilización local y la llegada de los pueblos mediterráneos que arrastrarían a Malta al centro de la historia.

El Museo Nacional de Arqueología 1 de La Valeta, situado en el antiguo Auberge de Provence, es una visita ineludible si se quiere conocer el pasado remoto de la isla. Además de poder observar el comedor original de los monjes, una planta entera contiene la mejor colección para entender la prehistoria maltesa. Entre el año 5200 antes de Jesucristo y el final de la etapa de los templos, encontramos puntas de flecha, arpones y otras armas del Neolítico que se exponen junto a herramientas de la primitiva agricultura en la isla. Todas estas piezas, halladas en los múltiples yacimientos de Malta, comparten espacio con algunos de los objetos más bellos de la arqueología isleña. Los altares megalíticos

↑ Los yacimientos de Malta se sitúan lejos del mar. Sólo Hagar Qim y Mnajdra disfrutan de la proximidad del Mediterráneo desde sus acantilados.

← El templo de Hagar Qim, emplazado sobre un acantilado. En los grandes bloques de caliza de este templo de 3.000 años de antigüedad se encontraron interesantes esculturas antropomórficas.

Los templos de Tarxien se encuentran entre los más visitados de la isla. Se trata de tres construcciones espectaculares cerca de La Valeta.

de Tarxien con decoraciones en bajo relieve o la estatua monumental a la que le falta la cabeza –con toda seguridad una diosa de la fertilidad– del mismo templo se consideran de alto valor. También cabe destacar el altar y la conocida *Venus de Malta* del yacimiento de Hagar Qim, así como la *Dama durmiente* del Hypogeum. Junto a ellas, tumbas púnicas y romanas, restos de cerámica y monedas que muestran el comercio de los pueblos mediterráneos con la isla.

Un paseo por el tiempo

Para explorar los yacimientos que hemos descubierto en el museo hay que salir de La Valeta. Vale la pena, ya que el legado megalítico de Malta es Patrimonio Mundial de la Unesco y las distancias en la isla no son demasiado grandes.

Empezaremos en el extremo sureste de la isla, donde **Ghar Dalam ❷**, la cueva de la Oscuridad, en Birzebugga, nos traslada a los mismos orígenes de la población de Malta. La cueva se puede visitar hasta los 50 metros de profundidad y se acompaña con un museo donde veremos algunos objetos prehistóricos. La exposición muestra vitrinas dedicadas a la paleontología ya que los estratos inferiores de la cueva han aportado materiales de hasta 500.000 años de antigüedad.

Serpenteando cerca de la costa en dirección oeste, se llega al conjunto de **Hagar Qim y Mnajdra ❸**. Ambos templos se fechan hacia el

DGHAJSA Y LUZZU

La herencia de Fenicia

Las barcas tradicionales de Malta se remontan a formas fenicias y griegas. Los diseños coloristas rematados con dos ojos en la proa son especialmente famosos en la localidad de Marsaxlokk. Más información en la Malta Maritime Authority. www.mma.gov

año 3000 antes de Jesucristo y tuvieron una gran actividad hasta su repentino abandono tras mil años de uso. Se emplazan sobre acantilados a pocos metros del mar rodeados de bosque y una muralla común. Los grandes bloques de caliza de Hagar Qim están algo dañados por el paso del tiempo, aunque todavía muestran la compleja estructura de habitaciones para el culto. En su interior se han encontrado algunas de las figuras antropomórficas más interesantes de la isla. Los hallazgos de Mnajdra han hecho suponer a los expertos que el templo se dedicaba a rituales curativos.

De vuelta a La Valeta dos yacimientos imprescindibles se cruzan a nuestro paso. El conjunto de los **templos de Tarxien** ❹ consta de tres edificios religiosos alrededor de una plaza central pavimentada. El templo más antiguo se construyó hacia el año 4000 antes de Jesucristo, mientras que los otros dos se sitúan cerca del apogeo del complejo, hacia 2500 antes de Jesucristo. Se cree que los templos eran de uso exclusivo para los sacerdotes e incluían numerosas cámaras secretas. Podría ser que éstos le prestaran la voz a las divinidades expuestas ante los creyentes. Unos agujeros en la pared se utilizaban como oráculos.

Patrimonio subterráneo

El último gran monumento megalítico es el **Hypogeum de Hal Saflieni** ❺, un monumento subterráneo impresionante. Las medidas de conservación del

Los templos se dedicaban a rituales curativos, adivinación e interpretación de sueños.

FENICIOS Y GRIEGOS

Encrucijada mediterránea

Los primeros contactos de Malta con los pueblos mediterráneos fueron con el sur de Italia y el Egeo.

Sin embargo, a pesar de las visitas esporádicas de griegos, fueron los fenicios los primeros en considerar los puertos de Malta y Gozo una verdadera base mercantil para su flota, aunque nunca llegaron a colonizar las islas propiamente. En el siglo VII antes de Jesucristo, Cartago entró en escena apoderándose de Malta, cosa que convirtió a la isla en un punto estratégico básico durante las Guerras Púnicas que ganaría Roma. Numerosos hallazgos arqueológicos muestran los intercambios y actividades de los colonos en el archipiélago.

LOS FENICIOS FUERON la primera civilización en utilizar los puertos de Malta y Gozo como enclaves comerciales.

espacio requieren un máximo de 80 visitantes al día, por lo que hay que ser previsor. El primer nivel, donde se realizaban enterramientos, se fecha en el año 3500 antes de Jesucristo. Se han encontrado restos de más de 7.000 inhumaciones. Sucesivas generaciones excavaron dos nuevos niveles en la roca caliza, de los cuales sólo se puede visitar el intermedio del año 3000 antes de Jesucristo. Las dos salas de este piso muestran restos de pigmentos en la pared, lo que indicaría que las cámaras habrían estado policromadas. En este nivel se encuentra una sala para el oráculo con espacios que parecen dedicados a la incubación, sueño profético o curativo que se realizaba en los templos en la Antigüedad. La *Dama durmiente* encontrada en esta sala así lo indica. El nivel inferior, que contenía más entierros y salas de almacenaje, no está abierto al público. Antes de acceder al espacio se muestra un audiovisual sobre la historia del yacimiento y su vínculo con los otros restos megalíticos de Malta. La mayoría de las piezas del museo local son reproducciones.

Si se quiere terminar de profundizar en los yacimientos malteses, es necesario desplazarse de nuevo. Antes de llegar a Mgarr desde Mosta, topamos con el conjunto prehistórico de Skorba 6. Los últimos estudios datan estos yacimientos del mismo periodo que los de Ghar Dalam. Dentro de la misma localidad, encontramos los templos prerromanos de Ta'Hagrat 7, éstos muchos más recientes: "sólo" del siglo IV antes de Jesucristo.

La similitud de las prácticas funerarias maltesas con las del Mediterráneo occidental da más valor a la misteriosa estructura del Hypogeum.

LUGARES DE INTERÉS DESTACADOS.

1 Museo Nacional de Arqueología 2 Ghar Dalam 3 Templos de Hagar Qim y Mnajdra 4 Templos de Tarxien 5 Hypogeum 6 Conjunto prehistórico de Skorba 7 Templos de Ta'Hagrat

2

LA MALTA CRISTIANA

Del naufragio de san Pablo hasta hoy

Horadada por catacumbas y apuntalada por iglesias barrocas, Malta rezuma arte sacro por los cuatro costados. Un recorrido salpicado por las iglesias de la Orden de Malta, pinturas de Caravaggio y catacumbas.

Desde la otra orilla, las Tres Ciudades muestran el precioso perfil de La Valeta. Iglesias de varios estilos sobresalen de la línea del horizonte, creando un conjunto sinuoso. Una vez dentro de la capital, el recorrido por su arte sacro es el descubrimiento de un tesoro barroco envuelto en muros de caliza.

La **concatedral de San Juan** ❶ es el gran templo de la ciudad. En origen era la iglesia conventual de la Orden de Malta, por lo que conserva las capillas de las *lenguas* en que se dividía la Orden. Su austero exterior da cobijo a un lujo barroco, en su mayoría constituido por las donaciones de los propios caballeros que acostumbraban a ofrecer un regalo al templo cuando ascendían de categoría. Pinturas murales, sarcófagos de mármol policromado, esculturas y bustos de santos y caballeros, así como tapices flamencos, conforman este tesoro. Bajo el piso yacen los caballeros de menor rango, cubiertos por lápidas de mármol, mientras que la mayoría de los grandes maestres lo hacen en los sarcófagos de la cripta y las capillas laterales. El templo guarda una buena muestra de la obra de Mattia Preti, desde su *San Jorge y el dragón* hasta los frescos de la cúpula sobre la vida de san Juan Bautista. La visita debe completarse con la entrada al **Museo Catedralicio** ❷, donde se guardan las valiosas obras de Caravaggio para la Orden.

↑ Rodeada por el mar, la trama urbana de La Valeta está salpicada de iglesias.

← La catedral de San Pablo, en la pequeña villa de Mdina, fue diseñada por el arquitecto italiano Lorenzo Gafa, y es de parada obligada para el viajante.

Destacan *La decapitación de san Juan Bautista* y el *San Jerónimo*, inspirado en el gran maestre Wignacourt. Parece que Caravaggio aprovechó los encargos de los caballeros para huir de Roma, donde le perseguía la justicia. No debió encontrar la paz en La Valeta puesto que fue expulsado por la Orden tras unos altercados callejeros.

La joya escondida de la capital de Malta es la iglesia dedicada al naufragio de san Pablo. Cuentan los *Hechos de los apóstoles* que en el año 60 Pablo iba preso hacia Roma cuando su barco naufragó ante las costas de Malta. Auxiliado por el gobernador local, el apóstol obró algunos milagros entre los isleños, dejando una de las primeras comunidades cristianas del Mediterráneo. La **iglesia parroquial del Naufragio de San Pablo ❸** contiene dos reliquias del santo: un hueso de la muñeca y la parte de la columna donde fue decapitado. Una escultura de madera dorada del santo es sacada en procesión durante la fiesta principal de La Valeta.

El recorrido por el arte sacro no termina aquí, pequeños templos nos sorprenden en las callejuelas del entramado urbano. La antigua **Nuestra Señora de la Victoria ❹** fue el primer oratorio terminado en la ciudad. La **iglesia de los Jesuitas ❺** recuerda a Il Gesù de Roma, mientras que distribuidas por la ciudad encontramos también las iglesias de las *lenguas* de la Orden. La iglesia de Santa Catalina de Siena de la *lengua* italiana, la iglesia de Santa Bárbara de Provenza o la

La leyenda cuenta que, tras naufragar en Malta, san Pablo obró algunos milagros y creó la primera comunidad cristiana.

MINORÍAS EN MALTA

Retales de una historia

La catedral anglicana de San Pablo no es el único templo de una minoría religiosa en Malta. Griegos ortodoxos, musulmanes, metodistas, cada pueblo ha dejado su pequeña comunidad en esta la isla. www.anglicanmalta.org

Bajo la enorme cúpula y los macizos muros, la decoración interior de Mosta Rotunda hace honor a la fama de esta iglesia de planta circular.

iglesia de Santiago de Castilla, León y Portugal son algunos ejemplos a destacar.

Los secretos de Rabat y Mdina

La **catedral de San Pablo ❻** en Mdina es con creces el templo más espectacular y bello de la isla. No en vano, Mdina conservó la capitalidad hasta el siglo XVIII y comparte sede episcopal con La Valeta. Obra del italiano Lorenzo Gafa, la iglesia está decorada con profusión de rojos y dorados, aunque su interior es algo tenebroso. Los frescos sobre san Pablo son obra de Mattia Preti. Como curiosidad se representa la aparición del santo a caballo durante el sitio musulmán de Mdina en 1442. No se pueden dejar de admirar algunas tallas medievales y arte barroco, así como el museo adyacente donde encontramos pinturas de Goya, Durero y artistas italianos que, junto al rico tesoro catedralicio, completan una interesante colección.

Con todo, lo que hace imprescindible el viaje hasta Mdina es una visita a la cercana población de Rabat, antiguo suburbio de la capital. Bajo sus calles los cristianos excavaron unos cimientos que todavía perduran y cuyos restos impresionan. Las catacumbas nos recuerdan los años de la persecución y el secretismo, de las ceremonias bajo tierra y los entierros a la luz de las velas. En Rabat se encuentran las **catacumbas de Santa Ágata ❼**, bajo

TEMPORADA DE FIESTA

Los santos protectores

Todas las parroquias de la isla conmemoran el día de su santo patrón con una explosión de fuegos artificiales, puestos callejeros y música tradicional. Fiesta mediterránea.

La agenda festiva maltesa se convierte durante el mes de agosto en un hervidero de celebraciones. La mayoría de parroquias conmemoran a sus santos con una mezcla de fuegos artificiales, puestos callejeros y música tradicional de lo más atrayente. Merece la pena conocer cualquiera de estas divertidas celebraciones. Destacamos algunas. La ciudad de La Valeta es la única que lo celebra en pleno invierno, el día del naufragio de san Pablo (10 de febrero); también hay fiestas en la capital para la Virgen de Monte Carmelo (16 de julio) y santo Domingo (8 de agosto). Ambas han disminuido su programa en la calle tras un trágico suceso en la fábrica pirotécnica Saint Helen.

Más información sobre los festivales de La Valeta: www.cityofvalletta.org.

FUEGOS ARTIFICIALES EN LA VALETA. **La pirotecnia es esencial en las celebraciones patronales; el ruido y las luces acompañan las procesiones, fuegos artificiales, puestos callejeros y música tradicional.**

la iglesia homónima, y las **catacumbas de San Pablo ❽**. Ambas, menores en tamaño que las de la península itálica, muestran un diseño propio. Sus formas recuerdan a los hipogeos de enterramiento púnicos e incluyen notables elementos decorativos tales como conchas marinas, capiteles seudocorintios y simbología cristiana primitiva (escamas de pez, cruces latinas, el monograma XR...). Hay dos fases de entierro que se pueden distinguir fácilmente en los asentamientos, las inhumaciones bajo tierra, las más antiguas, y sobre tierra, en nichos o sarcófagos. Dejaron de ser lugar de entierro en el siglo IV.

En las afueras de Rabat encontramos el **Abbatija tad-Deir ❾**, un conjunto de catacumbas formado por cuatro hipogeos. Una pequeña iglesia de piedra adyacente servía para el culto. Algunas de sus pinturas se encuentran en el Museo Arqueológico de La Valeta, aunque todavía podemos ver pinturas del siglo XIV. Parece que estuvo en uso hasta entrado el siglo XVI.

Se pueden visitar otras **catacumbas en Ta'Bistra ❿**, cerca de Mosta, donde merece la pena la entrada a su iglesia parroquial: Mosta Rotunda. Una inmensa cúpula corona un edificio algo insólito construido en planta circular en el siglo XIX. Más lejos de la ruta de regreso a la capital quedan las **catacumbas de Tal Minina ⓫**, en Mqabba. Estas catacumbas, descubiertas en 1860 por el doctor Cauvana y el capitán Strickland, están conformadas por tres hipogeos decorados con conchas de vieira e interconectadas entre sí.

La obra maestra de Caravaggio en Malta, *La decapitación de san Juan Bautista*, se conserva en el Museo Catedralicio.

LUGARES DE INTERÉS DESTACADOS.
❶ Concatedral de San Juan ❷ Museo Catedralicio ❸ Iglesia parroquial del Naufragio de San Pablo ❹ Nuestra Señora de la Victoria ❺ Iglesia de los Jesuitas ❻ Catedral de San Pablo ❼ Catacumbas de Santa Ágata ❽ Catacumbas de San Pablo ❾ Abbatija tad-Deir ❿ Catacumbas de Ta'Bistra ⓫ Catacumbas de Tal Minina

3

HUMILISSIMA CIVITAS

Los orígenes barrocos de La Valeta

Tras soportar el asedio otomano en 1565, los caballeros de la Orden de San Juan decidieron replantearse la defensa de su isla. Fue así como nació una de las capitales más pequeñas de Europa.

En marzo de 1566 se puso la primera piedra de La Valeta. Asentada sobre la península de Xiberras, entre los dos grandes puertos de la costa norte, la ciudad debía afianzar el dominio de los monjes guerreros sobre este enclave estratégico del Mediterráneo. El urbanismo cuadriculado de Francesco Laparelli y la unidad arquitectónica de los edificios de Gerolamo Cassar en la ciudad desentonaban de algún modo con el conjunto de la isla. La Orden iba a rediseñar la estética de Malta en poco más de un siglo.

La entrada a la ciudad se realizaba por la City Gate ❶, donde comienza la calle Republic, el eje principal que conduce al fuerte de San Elmo. El recinto amurallado encierra la totalidad de La Valeta con bastiones de hasta 47 metros; es probablemente uno de los mejor conservados del Renacimiento. Sus muros esconden los escasos espacios verdes de la ciudad. Sobre semibastiones encontramos los populares jardines Upper Barracca ❷, donde podemos apreciar el conjunto escultórico *Les Gavroches*, de Antonio Sciortino, y los Lower Barracca ❸. Ambos se erigen en miradores privilegiados sobre el Gran Puerto.

↑ El arte contenido en las salas del Parlamento de Malta muestra la riqueza de antaño de la Orden de los Caballeros de San Juan de Jerusalén.

← Los jardines de Upper Barracca. Enclavados en la muralla renancentista que encerraba La Valeta, hoy son uno de los lugares más apreciados tanto por los habitantes de Malta como por los turistas.

Los jardines de Upper y Lower Barracca son las únicas zonas verdes de la ciudad. Sus vistas los convierten en populares puntos de encuentro.

Las ocho *lenguas*

La Orden se dividía en ocho *lenguas*, correspondientes a las naciones originarias de los monjes: Castilla, Aragón, Auvernia, Provenza, Francia, Germania, Italia e Inglaterra. Cada una de las lenguas tenía su maestre y su propia organización, por ello cada una construyó su sede oficial en La Valeta. Los notables edificios de cada nación servían de residencia para los monjes, se ofrecía comida y se albergaba los peregrinos a Tierra Santa. Las hospederías de cada *lengua* se han conservado hasta la actualidad y, en muchos casos, son la sede de organismos oficiales. El primero en ser construido fue el **Auberge de Aragón** ❹, donde hoy se encuentra el Ministerio de Finanzas. El **Auberge de Castilla, León y Portugal** ❺ se consideraba el más esplendoroso, tal vez por ello es hoy la residencia del primer ministro. El Museo Arqueológico nacional se encuentra en el **Auberge de Provenza** ❻, y de los jardines de la hospedería italiana salió el espacio para los Upper Barracca Gardens. El gran maestre tenía su propia residencia, el **palacio del Gran Maestre** ❼, un austero palacio renacentista articulado a través de dos patios: el de Neptuno, con su escultura de bronce del dios del Mar, y el del Príncipe Alberto, que contiene la torre del reloj Pinto. Los frisos del interior narran las batallas de la Orden y el asedio de Malta, mientras los retratos de los grandes maestres decoran las estancias junto a pinturas barrocas y tapices

La Orden de Malta se dividía en ocho *lenguas* según la nacionalidad de los caballeros.

dieciochescos. No podemos perdernos el Salón de San Miguel y San Juan, antigua sala del trono, o el Salón de los Embajadores, donde se decidieron los destinos de la isla durante la Edad Moderna. Ambos contienen trabajos de Perez d'Aleccio, discípulo de Miguel Ángel. En otras cámaras podemos apreciar obras de Ribera y Batoni. Actualmente, el palacio es la sede del Parlamento, por lo que cierra durante las sesiones de debate. A pocos metros, el **Museo Nacional de Bellas Artes** ❽ completa la ruta artística por el mundo de los caballeros de Malta.

Caballeros y doctores

La Orden había tenido históricamente una vocación asistencial. No es de extrañar, pues, que el primer edificio completado en La Valeta fuera la **Sacra Infermeria** ❾. Este edificio de severa fachada que se eleva imponente sobre el Gran Puerto se terminó en sólo ocho años. Estaba administrado por la *lengua* de Francia, y en él no se hacían distinciones de trato entre esclavos, peregrinos, huérfanos y ciudadanos. Insólito era también que cada uno de los 500 pacientes tuviera asignada una cama. Después de la última restauración, el edificio alberga el Mediterranean Conference Center. En él se puede ver el audiovisual *The Malta Experience*, que repasa los 7.000 años de historia de la isla.

Cerca de la enfermería encontramos el único edificio anterior a la fundación de la ciudad. El **fuerte de San Elmo** ❿ se construyó tras la llegada de la Orden a Malta. Su

EL MAESTRE FUNDADOR

J. Parisot de La Valette

El gran maestre La Valette apostó por mantener a la orden en Malta tras el asedio turco. Tomó la iniciativa de construir una capital que nunca vería completada, y que, sin embargo, a él debe su nombre.
www.orderofmalta-malta.org

LA ANTIGUA CAPITAL

Arte normando en Mdina

A pesar de la construcción de La Valeta por parte de la Orden de Malta en 1565, Mdina conservó su posición privilegiada como capital del archipiélago hasta el año 1741.

En una isla azotada por los conflictos mediterráneos, la capital debía situarse lejos del mar. A pesar de la construcción de La Valeta, Mdina conservó su posición privilegiada hasta el año 1741. Decenas de edificios nobles de las mejores familias de la isla escoltan a la barroca catedral de San Pablo en un pintoresco paseo intramuros. No podemos pasar de largo los bellos edificios de estilo normando como el Palazzo Falzon y su pequeño museo, o el Palazzo Santa Sophia, el edificio más antiguo que se conserva en la ciudad. De esta misma época, el palacio del Inquisidor pasó de ser el tribunal de justicia a sede de los 62 inquisidores malteses.

LOS REYES NORMANDOS de Sicilia arrebataron Malta a los árabes en el siglo XII. Su huella se deja ver en los edificios más antiguos de Mdina, como éste, el palacio del Inquisidor.

forma de estrella en el extremo de la península permitía un control absoluto sobre las bocanas de los dos puertos. Su posición estratégica jugó un papel fundamental en la defensa de la isla frente al asedio turco. Reformado por los británicos en el siglo XIX, fue víctima durante la II Guerra Mundial de los bombardeos italianos de 1941. Podremos visitar los baluartes, el granero y el patio de armas.

Los monjes guerreros poseían tierras por toda la Europa cristiana, con cuyas rentas se permitían llevar una vida aristocrática. Su afición a la dramaturgia les empujó a construir su propio teatro en 1731, el **teatro Manoel** ⑪. En su inauguración, el 9 de enero de 1732, los caballeros representaron todos los papeles. El teatro, que se erige en el centro de La Valeta, ha tenido una historia tan agitada como la misma isla. Pasó de principal teatro del país al abandono absoluto con la expulsión de los caballeros por parte de Napoleón. Más adelante, su espacio se destinó a albergue para vagabundos, a cine y a teatro, hasta que una restauración en 1960 le devolvió su estatuto original. El pequeño escenario y el patio de butacas están rodeados por tres pisos de palcos. La decoración, dominada por el dorado, concede a la sala un aspecto majestuoso. La temporada de mayo a octubre cuenta con notables espectáculos teatrales, ópera y conciertos.

El Auberge que fue construido por la *lengua* de Castilla, León y Portugal es considerado el más suntuoso de los de La Valeta. Actualmente, alberga la residencia del primer ministro.

LUGARES DE INTERÉS DESTACADOS.
① City Gate ② Jardines Upper Barracca ③ Jardines Lower Barracca ④ Auberge de Aragón ⑤ Auberge de Castilla, León y Portugal ⑥ Auberge de Provenza ⑦ Palacio del Gran Maestre ⑧ Museo Nacional de Bellas Artes ⑨ Sacra Infermeria ⑩ Fuerte de San Elmo ⑪ Teatro Manoel

4

A EXPENSAS DEL MAR

En el punto de mira del Mediterráneo

El agua ha sido una constante en la historia de Malta. Batallas, naufragios, conquistas y colonizaciones se alternan con las caras más amables del vital elemento: el encanto de sus puertos y pueblos de pescadores.

La situación estratégica de Malta ha convertido a la isla en el escenario central de muchos de los acontecimientos ocurridos históricamente en el Mediterráneo. Fenicios, griegos, cartagineses, romanos, bizantinos y árabes llegaron a Malta surcando los mares y movidos por la posición central de ésta en el marco del Mediterráneo, característica que aseguraba importantes vías de comercio y control eficiente sobre los territorios circundantes. Más tarde, franceses y británicos ocuparon la isla; los primeros de la mano de Napoleón, y los segundos, protagonizando una de las etapas más decisivas para la historia de Malta: la II Guerra Mundial. Prueba de todo ello son las decenas de fuertes y torres que se alzan protegiendo la isla del frente marítimo que la acecha desde todos sus ángulos. El **fuerte de San Elmo** ❶, en La Valeta, es el pistoletazo de salida ideal a nuestro paseo, que nos permitirá descubrir las distintas facetas de la relación de la isla de Malta con el mar que la rodea.

La historia más reciente

La ubicación perfecta de Malta en el centro del Mediterráneo hizo que durante la II Guerra Mundial la isla fuera un punto estratégico clave para los Aliados durante su campaña en el norte de África, y el lugar desde donde lanzaron su ataque final a Italia. Siempre en el punto de mira del enemigo, la isla sufrió algunos de

↑ **La situación de la isla** en medio del Mediterráneo la ha convertido en estandarte de grandes imperios y civilizaciones a lo largo de la historia. En la fotografía, el fuerte de San Angelo.

← **Los pueblecitos de pescadores** de la costa de Marsascala imprimen sobre la isla un encanto atemporal, el sosiego de antaño y los sabores de siempre.

los bombardeos más terribles de toda la contienda, de modo que al finalizar Malta estaba física y económicamente devastada. En 1947 se le concedieron unos treinta millones de libras esterlinas para ayudar a su reconstrucción. Pero no fue hasta que las fuerzas británicas hubieron abandonado Malta completamente, en 1979, que la economía pudo ser totalmente reflotada.

A lo largo de su historia, Malta se ha tenido que fortificar para salvar sus cimientos de las invasiones que podían llegar desde cualquier ángulo de sus costas. En la fotografía, vista del castillo de San Elmo.

En La Valeta, el **Museo Nacional de la Guerra** ❷ ilustra la importante misión militar de Malta bajo mandato británico, especialmente durante este reciente periodo bélico. Quizá la exposición más importante es la de paneles fotográficos que muestran las duras condiciones sufridas por la población civil y la extensión de los daños producidos por la guerra durante los años cruciales de 1940 a 1943. Se exhiben también algunas piezas importantes como la embarcación italiana E-Boat, un fusil antiaéreo Bofors, el Jeep Willis *Husky*, el George Cross y el Pergamino Iluminado presentado por el presidente Franklin D. Roosevelt. Del

Cerca de La Valeta se encuentran las ciudades costeras de Vittoriosa, Senglea y Cospicua.

mismo modo, es muy interesante examinar los prestigiosos galardones y las condecoraciones que recibieron los soldados y civiles malteses por sus actos de valentía y sacrificio. *Gladiator Faith*, único superviviente de los tres biplanos que los británicos tenían en la isla, se exhibe también aquí.

Por otro lado, el anexo izquierdo está dedicado a la Marina Real británica, donde hay uniformes, insignias, equipos, vehículos, hélices, armamentos e instrumentos, así como también reliquias y material gráfico referente a las incursiones del Eje italogermano.

Vittoriosa acoge el **Museo de Malta en Guerra ❸**, parte del cual se ubica en dos salas rehabilitadas y en un refugio subterráneo que servía como protección para los bombardeos aéreos. La exposición hace hincapié en la dimensión civil del conflicto.

La cara más amable

Saliendo de La Valeta y al otro lado del Gran Puerto, se encuentra la zona de Cottonera, compuesta por las llamadas Tres Ciudades: Vittoriosa, Senglea y Cospicua. **Cospicua ❹** es quizá la menos vistosa de las tres y su importancia radica en los muelles, lugar en el que se reparan y adecentan los grandes cruceros. A **Senglea ❺**, por otro lado, se la conoce como la pequeña Venecia porque las casas están pegadas al mar, lo que recrea un ambiente bucólico, romántico y cautivador. Desde este emplazamiento se poseen algunas de las mejores postales de la isla: la panorámica del puerto desde los jardines de Gnien il-Gardjola y la vista de la fachada del Museo

EL MAR EN EL PLATO

El *lampuki*, la estrella

No podemos abandonar Malta sin probar el pastel de *lampuki*, delicioso pescado cocinado con verduras, pasas, hierbas, y envuelto en una pasta crujiente. También lo encontramos horneado con tomates y salsa de vino. Un buen lugar es el Restaurante Barracuda en St. Julian.

EL LEGADO BRITÁNICO

Una relación de 150 años

Malta aúna el encanto mediterráneo con las tradiciones anglosajonas. Paseando por la capital, hallaremos cabinas telefónicas y buzones de correos antiguos y pintados de rojo, que hoy, paradójicamente, están en desuso en el Reino Unido.

Pero no sólo el paisaje urbano tiene influencia británica: también la cocina maltesa ha adoptado algunos elementos de la tradición británica. Así, los bares y las cafeterías locales sirven el desayuno y el *brunch* británicos, mientras que la cerveza es la bebida favorita y se sirve por pintas y medias pintas en lugar de por litros. Además, se conduce por la izquierda y puede observarse una gran variedad de coches antiguos de marcas británicas, así como camiones y autobuses Bedford de los años cincuenta, sesenta y setenta.

LAS CAFETERÍAS SIRVEN el desayuno y el *brunch* británicos, mientras que la cerveza es la bebida favorita y se sirve por pintas.

Marítimo y el palacio del Inquisidor, justo enfrente, en **Vittoriosa** ❻. Éste es precisamente nuestro siguiente destino. La más antigua de las tres ciudades tiene en el **fuerte de San Angelo** ❼ uno de sus mayores atractivos turísticos. El fuerte fue cuartel general de los Caballeros de San Juan, y su estructura, completamente rodeada por el mar, es una de las más fotografiadas de la isla. El **Museo Marítimo** ❽, ubicado en esta localidad, exhibe la historia de Malta en relación al mar. En el Hall Anadrian se exhibe maquinaria del barco a vapor homónimo, un dragador construido en 1951 para Malta por Ferguson Brothers del puerto de Glasgow, mientras el primer piso alberga una exposición de la Marina mercante en la que se aprecia una colección de réplicas detalladas de barcos y otra de pinturas de ejemplares de los siglos XIX y XX, muchos de los cuales han contribuido al desarrollo de la isla.

Marsaskala y Marsaxlokk, algo más lejos, son bellos pueblos de pescadores idóneos para completar la imagen marítima de Malta. **Marsaxlokk** ❾ posee un bonito puerto pesquero que custodia la mayor flota de *luzzus* de toda la isla. El colorido que éstos imprimen sobre la escena gana en encanto gracias a los pequeños restaurantes que copan el puerto, a las deliciosas recetas a base de pescado fresco que allí se pueden degustar y al trato amable de sus gentes. **Marsaskala** ❿, al este de la isla y con un ambiente muy similar, promete atardeceres inolvidables desde su paseo marítimo.

Malta exhibe una peculiar mezcla entre lo mediterráneo y lo inglés, consecuencia de los más de 150 años de mandato británico en la isla.

LUGARES DE INTERÉS DESTACADOS.

❶ Fuerte de San Elmo ❷ Museo Nacional de la Guerra ❸ Museo de Malta en Guerra ❹ Cospicua ❺ Senglea ❻ Vittoriosa ❼ Fuerte de San Angelo ❽ Museo Marítimo ❾ Marsaxlokk ❿ Marsascala

5

NATURALEZA ACTIVA

Paisajes en verde y azul

En el corazón del Mediterráneo, sosegada, dócil y de perfiles escarpados, Malta guarda pequeños tesoros naturales que alivian el horizonte de ocre, tierra y sol.

Envuelta por un sol de fulgor oriental, rodeada de mar y salpicada de pulmones forestales, Malta se perfila como uno de los mejores destinos cercanos para los que anhelan unos días de descanso, de tumbarse al sol en playas evocadoras, de perderse por bosques y parques o de disfrutar de la naturaleza de la mano de alguno de los múltiples deportes al aire libre que se pueden practicar en la isla.

El gran azul

El carácter insular de Malta y sus diminutas dimensiones propician que el mar nunca esté lo suficientemente lejos como para justificar su evasión. La mayoría de las playas de arena se encuentran al norte y las de rocas al oeste, estando el este ocupado generalmente por acantilados donde se ofrecen inmersiones. Entretenerse todo el día en una misma playa o catar varias en la misma jornada son posibilidades tan reales como apetecibles. La temporada de baño suele comenzar en abril, cuando la temperatura alcanza los 25º C, y perdura hasta finales de octubre.

Ghadira Bay ❶, en Mellieha, no sólo es la mayor playa arenosa de Malta, sino también la más renombrada. Rodeada por una bellísima naturaleza, este arenal es ideal para acudir en familia. No muy lejos, Paradise Bay ofrece una de las imágenes costeras más pintorescas de la isla gracias a las formaciones

↑ Debido a su buen clima, con una temperatura media de 30º C durante los meses de verano, Malta es idónea para las actividades al aire libre.

← Una escapada a la isla es la mejor opción para los que deseen olvidarse del ajetreo urbano con un fin de semana de sol, playa y relax.

rocosas que la limitan y el público joven que motea el paisaje. Mgiebah Bay, junto a Selmun, es una pequeña bahía natural ideal para realizar *snorkelling*, mientras que Golden Bay y Ghajn Tuffieha Bay, cerca de Mgarr y situadas frente a una zona de acantilados, son perfectas para explorar las pequeñas cuevas de los laterales. En esta misma zona, Gnejna Bay, algo más tranquila que las anteriores, tiene en su extremo oriental un área reservada al nudismo.

Esto en lo referente a cómodas playas de arena tostada. Luego están las inhóspitas, las salvajes, las que se esconden entre acantilados rocosos, las que se asoman al mar desde balcones pedregosos que, si bien no son tan confortables como las primeras, prometen experiencias más auténticas y aisladas. En la mismísima La Valeta, junto a los bastiones del fuerte de San Elmo, hallamos un enclave propicio para el baño. Y no muy lejos, en Sliema ❷, se ubica una de las zonas costeras más frecuentadas gracias a su fácil acceso desde la capital. Ya alejándonos de ésta, entre Cirkewwa y Ahrax Point, se extiende una tranquila cala accesible en todoterreno o a pie que ofrece generosas vistas sobre las cercanas islas St. Paul, mientras que en la costa entre Salina Bay y St. George's Bay se halla una zona de aguas claras que es ideal para familias gracias a su fácil acceso. Marsaskala ❸, en la sección que va desde Zonqor Point a St. Thomas Bay, es otra zona popular, y St. Peter's Pool ❹, en Delimara, es un enclave con cuevas de gran belleza regado por aguas que todavía no está masificado.

En La Valeta, junto al fuerte de San Elmo, hallamos un enclave propicio para el baño.

SOBRE EL ABISMO

Paraíso de escalada

Malta es, por su naturaleza rocosa y afilada, el lugar perfecto en el que practicar escalada. El archipiélago cuenta con más de 1.300 vías, algunas de ellas descolgadas sobre el mar. www.malta-rockclimbing.com

Malta respira a través de pulmones naturales que ponen el escenario ideal para caminatas y excursiones en las que estrechar el lazo con la naturaleza.

Atajo al paraíso

Apartada del ajetreo y el bullicio de las grandes ciudades, Malta ofrece también parajes naturales de interior que ponen el escenario ideal a nuestras caminatas. Las primeras lluvias después del largo y cálido verano dan vida al paisaje con una asombrosa variedad de flores silvestres. Desde mediados de noviembre hasta el mes de mayo la isla está, en muchos de sus rincones, verde y exuberante, sus campos llenos de cultivos y los bordes de los caminos cubiertos de hinojo, tréboles, lirios silvestres y mirto.

Además de la preciosa e intacta campiña maltesa, podemos visitar la reserva natural de Ghadira ❺, situada en una zona pantanosa y salobre con estanques poco profundos llenos de juncos. En ella residen pequeños mamíferos y lagartos, y es una parada habitual en los viajes de las aves migratorias. Del mismo modo, la reserva natural de Simar ❻ nos adentrará en un paraíso de árboles autóctonos y gran diversidad ornitológica.

Uno de los mejores lugares para visitar es el acantilado de Dingli ❼. Es verdaderamente espectacular ver la puesta del sol sobre el mar desde la parte más alta de Malta, en la que el despeñadero alcanza una

BAJO EL OCÉANO

Pecios, cuevas y arrecifes

La situación estratégica de la isla hace posible el hallazgo de vestigios en sus profundidades marinas.

La República de Malta es uno de los mejores lugares para la práctica del submarinismo en el Mediterráneo. Su situación estratégica (que tomó importancia en la historia de las civilizaciones y en la II Guerra Mundial) hace posible el hallazgo de vestigios no sólo en su superficie, sino también en las profundidades de las aguas que la rodean. Ello, unido a la existencia de arrecifes, una enorme diversidad de especies y cuevas submarinas, convierte esta práctica en una de las más demandadas del lugar. Dependiendo de la escuela, las tarifas para cursos de buceo oscilan entre 278 y 465 euros. Los precios de las inmersiones, entre 23 y 35 euros.

LA AGRADABLE TEMPERATURA DEL AGUA, que nunca baja de los 16° C, permite que no haya límites de temporada para la práctica del submarinismo.

colosal altura de 250 metros sobre el nivel del mar. Desde su púlpito de piedra solitaria se tienen unas maravillosas vistas de la costa.

Sobre el asfalto

Pero no hace falta irse tan lejos: las mismas zonas urbanas de la isla ostentan una colección de parques y jardines tan amplia como singular. Si bien se trata de espacios relativamente pequeños, esta falta de tamaño se compensa con su contenido cultural, a través del cual descubriremos la historia maltesa. El mejor de estos jardines es, sin duda alguna, el de San Antón 8, en Attard, construido en 1623 por el gran maestre Antoine de Paul. Otros pequeños jardines como los dos Barracca 9 en La Valeta ofrecen vistas impresionantes del Gran Puerto y de las fortificaciones construidas por los caballeros de Malta. Los jardines Buskett 10, en Rabat, se crearon a partir de un pabellón de caza. Por su parte, los jardines de Sa Maison 11, desde los que se divisa el impresionante puerto de Marsamxett, fueron ocupados por el Ejército británico, que no sólo aprovechó su posición estratégica: además, dejó pruebas interesantes de su presencia esculpiendo varios escudos en el frente rocoso de los bastiones.

Noche junto al mar. Un hoguera, un jersey, quizá una copa de vino y una guitarra... En verano, con el buen tiempo, la noche no es obstáculo para disfrutar de las hermosas playas de Malta.

LUGARES DE INTERÉS DESTACADOS.
1 Ghadira Bay 2 Sliema 3 Marsascala 4 St. Peter's Pool 5 Reserva natural de Ghadira 6 Reserva natural de Simar 7 Acantilado de Dingli 8 San Anton 9 Jardines Barracca 10 Jardines Buskett 11 Sa Maison

Malta en 48 horas

Primera mañana

8.00
JARDINES UPPER BARRACCA

Comenzamos el día desayunando en la Castille Place, puerta de acceso a los antiguos jardines privados de la lengua italiana de la Orden. **Zona de entrenamiento para los caballeros en su origen, se transformaron posteriormente, en el siglo XVIII, en los elegantes jardines que se conservan en la actualidad.** Hallamos aquí varias esculturas reseñables, entre las que destaca *Les Gravoches*, del artista maltés Antonio Sciortino. Merecen la pena también la escultura en memoria del primer ministro lord Strickland y un busto de bronce en honor a Winston Churchill. Lo mejor de los jardines son las espectaculares vistas que se tienen sobre el Gran Puerto y las Tres Ciudades.

9.00
MERCADILLO DE MERCHANT'S STREET

Los mercados forman parte esencial del día a día maltés. Husmear entre los productos que se ofertan en ellos es un placer difícil de resistir. Proponemos aquí dejarnos caer en la tentación y perdernos por un variopinto surtido de enseres caseros, ropa, música, imágenes religiosas y vídeos de la mano de Triq-il-Merkanti, el mercadillo diario de La Valeta situado en Merchant's Street. Los domingos merece la pena acercarse al que se instala en las inmediaciones de la puerta que da acceso a la ciudad. Colorista, bullicioso y escaparate costumbrista, ofrece los diferentes productos a un precio muy competitivo.

✉ Merchant's Street, La Valeta.
⏲ Todos los días entre las 7.00 y las 12.00.

9.30
FUERTE DE SAN ELMO

Continuamos con uno de los edificios más emblemáticos de la ciudad: el fuerte de San Elmo. **Encargado de defender los accesos al Gran Puerto y al de Marsamxett, fue el escenario de una heroica defensa durante el Gran Asedio de 1565.** Desde entonces, ha sido utilizado continuamente hasta la II Guerra Mundial. Bombardeado en 1940 durante el comienzo de la guerra por la aviación italiana, parte del edificio alberga hoy el Museo de la Guerra. Actualmente es, además, escenario de las representaciones históricas In Guardia y Alarme, consistentes en desfiles militares a escala real con trajes de época (todos los domingos excepto los meses de verano).

www.visitmalta.com/fort-st-elmo

10.00

MUSEO NACIONAL DE LA GUERRA

Ubicado en el interior del fuerte de San Elmo, **el Museo de la Guerra hace un recorrido por los diferentes episodios de la II Guerra Mundial que tuvieron lugar en la isla.** Puede verse aquí la famosa Cruz de San Jorge otorgada al pueblo maltés como reconocimiento por su coraje, mientras el punto central de la exposición consiste en fotografías que muestran las duras condiciones que tuvo que vivir la población civil.

✉ Fuerte de San Elmo, La Valeta.
⊙ De 9.00 a 17.00 (última admisión a las 16.30). www.heritagemalta.org/warmuseum.html

11.00

THE MALTA EXPERIENCE

The Malta Experience es probablemente el mejor audiovisual que podemos ver en la isla. Situado en el edificio de la Sacra Infermeria del siglo XVI, el pase dura 45 minutos y utiliza 3.000 diapositivas y 44 proyectores. **Nos introducirá en la historia de las islas maltesas desde el Neolítico hasta los tiempos modernos.** *The Malta Experience* está disponible en 10 idiomas. Hay accesos para minusválidos, bar y restaurante. Se llega paseando desde el Museo Nacional.

✉ Mediterranean Street, La Valeta.
⊙ De lunes a viernes de 11.00 a 17.00 (último pase a las 16.00); fines de semana hasta las 14.00. www.themaltaexperience.com

12.00

PALACIO DEL GRAN MAESTRE

La importancia de este edificio radica en el hecho de que **posee una de las armerías más completas de Europa, símbolo tangible de las pasadas glorias de la Soberana Hospitalaria y Militar Orden de Malta** (los Caballeros de San Juan). El gran maestre Alof de Wignacourt transfirió el arsenal al palacio en 1604 y, aunque sólo conserva una parte de su esplendor original, la armería contiene aún abundantes materiales de procedencias italiana, alemana, francesa y española, fabricados por los principales centros de producción.

✉ Republic Square, La Valeta.
⊙ De lunes a domingo de 9.00 a 17.00 (última admisión a las 16.30). www.visitmalta.com/palace-armoury

Primera tarde

14.00
CONCATEDRAL DE SAN JUAN

De ella se dice que es el primer ejemplo completo de alto Barroco del mundo. Muestra complicados diseños esculpidos en las paredes de piedra, así como pinturas en el techo abovedado y en los altares laterales que escenifican la vida de san Juan. Esta catedral fue santuario de los caballeros, y muchos miembros de familias nobles europeas de los siglos XVI al XVIII están enterrados aquí. Es también el lugar de descanso eterno del fundador de La Valeta, el gran maestre Jean Parisot de la Valette. Al salir, podemos tomar un café en alguna de las encantadoras terrazas que copan la plaza que se abre ante la catedral.

✉ St. John's Square, La Valeta.
www.visitmalta.com/st-johns-co-cathedral

15.00
MUSEO CATEDRALICIO

La visita a la catedral no estará completa hasta que no se acuda al Museo Catedralicio situado en sus inmediaciones. **Aquí podremos observar las colecciones que donaban los Caballeros de San Juan cuando ascendían de categoría dentro de la Orden.** La joya de la exposición es *La decapitación de san Juan Bautista* del italiano Caravaggio, una de las obras artísticas más impresionantes y famosas de Europa. *San Jerónimo*, del mismo genial artista, se halla también aquí.

✉ St. John's Square, La Valeta.
⏲ De lunes a viernes de 9.30 a 16.00 (última admisión a las 15.30); sábados de 9.30 a 12.30.
www.visitmalta.com/st-johns-cathedral-museum

16.00
IGLESIA DEL NAUFRAGIO DE SAN PABLO

San Pablo es considerado como el padre espiritual de los malteses. Se cree que su naufragio es el acontecimiento más importante en la historia de la nación, y por ello ésta es una de las iglesias más emblemáticas de Malta. **En su interior pueden observarse magníficas obras de arte, incluyendo el impresionante retablo de Matteo Perez d'Aleccio, el coro y la cúpula de Lorenzo Gafa, los cuadros de Attilio Palombi y Giuseppe Cali y la imagen titular de Melchiorre Gafa.** La iglesia custodia el hueso de la muñeca izquierda del santo y parte de la columna en la que el santo fue decapitado en Roma.

www.visitmalta.com/collegiate-parish-church-of-st-pauls-shipwreck

16.30

MUSEO NACIONAL DE ARQUEOLOGÍA

En este Museo se exhibe una importante selección de objetos de los periodos prehistóricos. El salón principal está dedicado a esculturas, con una amplia colección que incluye representaciones de animales, modelos de templos y notables figuras humanas. **Destacan las exquisitas esculturas de la *Dama durmiente* del Hypogeum y la *Venus* de Hagar Qim.** Las otras dos estancias exhiben objetos hallados desde los primeros asentamientos en las islas hasta los periodos de construcción de los templos y objetos de alfarería de este último periodo.

✉ Republic Street, La Valeta.
⊙ De lunes a domingo de 9.00 a 19.00 (última admisión a las 18.30).
www.heritagemalta.org/archaeologymuseum.htm

17.30

EL GRAN PUERTO

Hasta hace algunas décadas, la mayor parte de las actividades comerciales de la isla de Malta se centraban en este puerto de La Valeta. **Aunque durante los últimos 40 años la importancia del puerto ha disminuido considerablemente, debido sobre todo a la gran devastación sufrida por las zonas portuarias durante la II Guerra Mundial, en la actualidad la zona está siendo renovada y rehabilitada.** Aunque hoy el Gran Puerto está volcado en el turismo. El área cuenta con una gran variedad de tiendas y restaurantes que atraen a turistas y habitantes locales por su deliciosa gastronomía en un entorno encantador. Estamos en el lugar ideal para relajarnos un poco y reponer fuerzas.

20.00

TEATRO MANOEL

Levantado en 1731, el teatro Manoel es uno de los más antiguos de Europa. Muy importante en sus inicios, perdió posteriormente parte de su popularidad con las dos sucesivas construcciones del teatro de la Ópera que fue totalmente destruido en 1944 durante el transcurso de la guerra. En la actualidad, el teatro Manoel vuelve a brillar con luz propia. **Dinámico, emprendedor y lleno de vida, en su sala se programan óperas, ballets, danzas contemporáneas, dramas y conciertos.** Además, se organizan visitas guiadas al auditorio, a las zonas entre bastidores y al museo. Se puede consultar la programación en su web.

✉ Old Theatre Street, La Valeta.
www.teatrumanoel.com.mt

Segunda mañana

8.00
SENGLEA

Dedicaremos esta segunda mañana a la zona ocupada por las Tres Ciudades, empezando por Senglea. **Desayunar, sucumbiendo a las magníficas vistas sobre las paredes escarpadas de La Valeta y el Gran Puerto que desde aquí se tienen, será un placer al alcance de todos.** Como recomendación, deben probarse los deliciosos *pastizzi*. De influencia italiana pero de larga tradición maltesa, se trata de masas de hojaldre rellenas de queso ricota que se utilizan para acompañar el café. Debido a las pequeñas distancias de la isla –27 kilómetros de largo por otros 14 de ancho–, lo más recomendable es alquilar un coche o tomar un taxi entre los diferentes puntos de la ruta. De lo contrario, tomar el autobús número 3 desde La Valeta.

Autobús: el 3 desde La Valeta.

8.30
FUERTE DE SAN ANGELO

En Vittoriosa, encontramos la joya del patrimonio militar. Según la leyenda, el fuerte de San Angelo podría levantarse sobre un antiguo asentamiento romano y se sabe que existía a principios de la Edad Media. Posterior residencia de la poderosa familia Nava, se convirtió con la llegada de los caballeros en la sede del Gran Maestre. En 1912 los británicos tomaron el fuerte y lo convirtieron en la más importante base naval de operaciones del Mediterráneo. **En la actualidad, el Gobierno concedió a la Orden de los Caballeros de San Juan la parte superior del fuerte, siendo el resto de acceso público.**

Autobuses: desde La Valeta, se llega mediante el 1, 2, 4 y 6.
www.visitmalta.com/fort-st-angelo

9.00
PALACIO DEL INQUISIDOR

El palacio del Inquisidor fue construido en la década de 1530 cuando se establecieron los tribunales civiles de la Orden de San Juan, poco después de que los caballeros llegasen a Malta. En la actualidad, **el edificio alberga un curioso Museo de Etnografía que recorre las devociones populares y los valores religiosos que han caracterizado la cultura de Malta desde sus inicios hasta nuestros días.** Además, encontramos una exposición permanente sobre el impacto de la Inquisición en la sociedad de Malta. En ella se estudian temas como la eucaristía, la Sagrada Familia, la confesión, la prédica y el culto a los santos.

Todos los días de 9.00 a 17.00.
www.heritagemalta.org/inquisitorspalace.html

10.00
MUSEO MARÍTIMO

El museo exhibe la historia marítima de Malta y sus tradiciones dentro de un contexto Mediterráneo, ilustrando la naturaleza global de la navegación marítima y su impacto en la sociedad. Se incluyen modelos de naves, libros, pinturas, armas o cañones. Algunas de las salas se encuentran dedicadas a la Marina de la Orden de San Juan, la historia de las costumbres de Malta y las industrias pesqueras. El edificio originalmente era la panadería naval real, donde se proveía la consumición diaria de pan de 15.000 hombres.

✉ Antigua panadería de la Armada británica, Vittoriosa.
⊙ De lunes a domingo de 9.00 a 17.00 (última admisión a las 16.30).
www.heritagemalta.org/maritimemuseum.html

11.30
HYPOGEUM DE HAL SAFLIENI

El Hypogeum es un excelente ejemplo de arquitectura en negativo consistente en una serie de más de veinte cavernas, naturales y artificiales, con un sanctasanctórum en el extremo sur. A un lado está la sala del oráculo, con un pequeño nicho ovalado en una de sus paredes que produce una fuerte resonancia. El complejo está agrupado en tres niveles: el superior (3600-3300 antes de Jesucristo), el medio (3300-3000 antes de Jesucristo) y el nivel inferior (3150-2500 antes de Jesucristo).

Autobuses: desde La Valeta se llega a través del 15, 29, 30 y 115.
⊙ Todos los días de 9.00 a 16.00. Máximo de 80 personas por día.
www.heritagemalta.org/hypogeum.html

13.00
TEMPLOS DE TARXIEN

Fechados en el periodo comprendido entre los años 3600 y 2500 antes de Jesucristo y consistentes en cuatro estructuras megalíticas, se trata de los templos más complejos de la isla. Son famosos los relieves de sus esculturas, entre los que figuran animales domésticos, los altares o los murales decorados con dibujos en espiral y otros diseños. **El lugar parece haber sido utilizado extensamente para rituales, entre los que se incluían probablemente sacrificios animales, así como para incinerar a los difuntos, según indican algunos restos encontrados.**

Autobuses: 8, 11, 12, 13 y 27 conectan los templos con La Valeta; si se viene desde el Hypogeum, pueden tomarse los números 29 o 30.
⊙ Todos los días de 9.00 a 17.00.
www.heritagemalta.org/tarxientemples.html

Segunda tarde

15.00

MARSAXLOKK

Este pequeño enclave, situado al sureste de Malta, tiene el privilegio de ser la villa de pescadores más grande de la isla, así como de poseer el segundo mayor puerto natural. Merece la pena acudir en domingo, cuando Marsaxlokk se convierte en un gran mercado al aire libre en el que los pescadores exhiben y venden sus mercancías desde el interior de sus barcas, en un espectáculo del todo hechizante, pintoresco y multicolor. El vehículo privado o el taxi siguen siendo los mejores transportes para llegar hasta aquí.

Autobuses: el 27 conecta Marsaxlokk con La Valeta y con los templos de Tarxien; el 28 con Cospicua.

16.00

GHAR DALAM

Ghar Dalam contiene las pruebas del asentamiento humano más antiguo de Malta, fechado más de 7.400 años atrás. La zona abierta al público consta de dos partes: la cueva y el museo. La cueva tiene unos 144 metros de profundidad, aunque sólo los 50 primeros están abiertos al público. Las capas inferiores, contienen huesos fosilizados de elefantes enanos, hipopótamos, micromamíferos. Las capas superiores, prueban la existencia de los primeros seres humanos de la isla.

Todos los días de 9.00 a 17.00. Última admisión a las 16.30.
El 11, 12 o 13. Tanto desde La Valeta como desde los templos de Tarxien.
www.heritagemalta.org/ghardalam.htm

17.30

GRUTA AZUL

Después de haber descendido, las grutas muestran los misterios de la evolución del hombre; la ruta se detiene en la gruta Azul, pintoresca gruta natural de nombre bien merecido por el brillante y fluorescente color azul de sus aguas. **Por barco y desde Wied iz-Zurrieq, se puede llegar a varias de las cuevas circundantes, incluyendo la gruta Azul, la más grande y espectacular de todas.** Se trata también de uno de los mejores lugares de la isla para la práctica del submarinismo: una cueva a 27 metros de profundidad cuyas tres entradas están normalmente pobladas de grandes cardúmenes y la famosa área del acuario con peces escorpiones y lucios que constituyen sus mayores reclamos.

Desde La Valeta, el 138.

18.30

ACANTILADOS DE DINGLI

La pequeña capilla de Santa María Magdalena, situada en el borde de los acantilados, representa el punto más alto de las islas maltesas, aproximadamente a 250 metros sobre el nivel del mar. Bajo ellos, donde el terreno se inclina antes de caer en picado de nuevo, los agricultores han conseguido cultivar en pequeñas terrazas a lo largo de los siglos. **Los acantilados se extienden más allá del pueblo de Dingli,** hallándose los más bellos al suroeste: Buxih, Fawwara, Ghar Lapsi y Munqar, que se elevan sobre las aguas de la gruta Azul.

El 38 desde La Valeta o el 138 desde la gruta Azul. Ambos nos dejan en Hagar Qim, muy cerca de nuestro destino.

19.30

MDINA

La antigua capital de Malta es hoy en día una encantadora villa de pocos habitantes situada en el interior de la isla. Como si de un museo al aire libre se tratara, un paseo por sus calles nos descubrirá un mundo de palacios, iglesias, fortalezas, murallas y hasta un puente levadizo. **La mejor panorámica de la ciudad se consigue desde la plaza del Bastión.** Además, merece la pena acercarse hasta la catedral de San Pablo y el Palazzo Falzon, aunque sólo sea para admirar su arquitectura exterior. Para llegar, puede tomarse el autobús número 65 desde Sliema o el 80 desde La Valeta.

El 65 desde Sliema o el 80 desde La Valeta.

20.00

CENA ROMÁNTICA

¿Y qué mejor final que clausurar esta escapada por tierras maltesas con una cena para dos en un entorno absolutamente cautivador? Tras la ciudad fortificada de Mdina, lejos del alboroto y el bullicio urbanos, el Xara Palace (Misrah il-Kunsill, Mdina RBT 12, Malta; teléfono +356 21 45 05 60) es un remanso de paz y refinamiento que promete deliciosas cenas en armonía con un entorno arquitectónico del siglo XVII elegantemente decorado. **Son formidables las vistas desde la azotea, donde se sirve la cena en verano.** El establecimiento ofrece la garantía de Relais & Châteaux.

Misrah il-Kunsill, Mdina
www.xarapalace.com.mt

Datos útiles de Malta

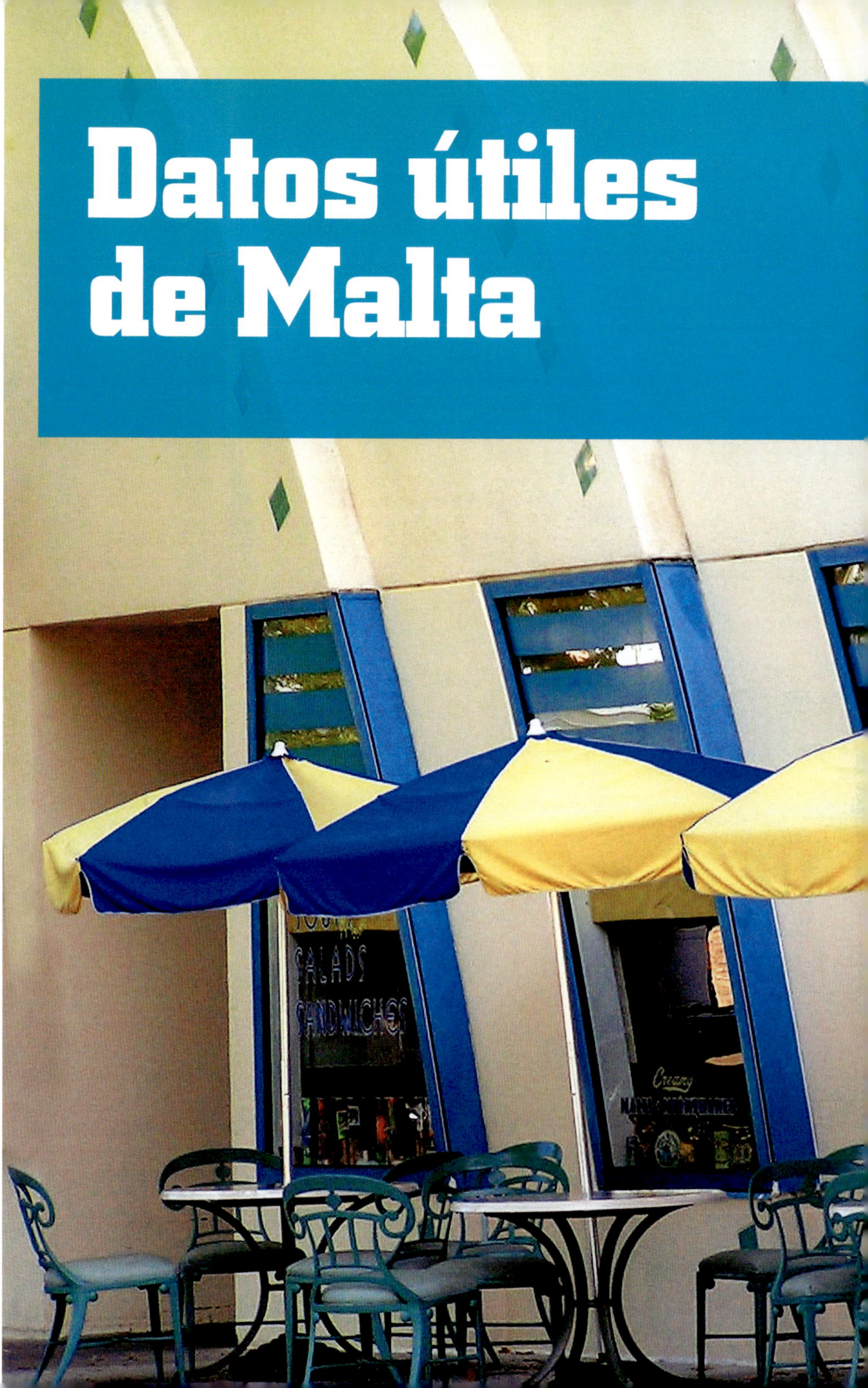

Consulta el pronóstico meteorológico en
www.guiacampsa.com
o www.repsolypf.com

Museos

Los museos de Malta guardan las mejores piezas de arte del país. En una isla acostumbrada al pillaje y a la piratería, es lógico que sus tesoros quieran ser conservados a buen recaudo. La información sobre precios y billetes combinados se puede consultar en www.heritagemalta.org.

MUSEO NACIONAL DE ARQUEOLOGÍA
El Auberge de Provenza expone las mejores piezas halladas en los yacimientos arqueológicos de la isla. Desde los primeros pobladores a Roma, el museo presenta un recorrido básico por la cultura material de Malta en la Antigüedad (parcialmente en reformas durante 2008).
✉ Republic Street, La Valeta.
Teléfono: 356 21 22 16 23.
⊙ de lunes a domingo de 9.00 a 19.00 (última admisión a las 18.30).
Entrada: adultos 2.33 €, estudiantes y jubilados 1.25 €, niños de 6 a 11 años 0.58 €, niños menores de 6 años gratis.

MUSEO NACIONAL DE BELLAS ARTES
Dentro de un elegante palacio encontramos la mejor colección de arte de toda la isla de Malta. Buena parte del material expuesto proviene de los fondos de la Orden de San Juan, que pasó a la Administración estatal cuando los caballeros abandonaron la isla. De este modo, cabe destacar el fondo de Barroco italiano y maltés, aunque la colección está ordenada cronológicamente desde las primeras obras del siglo XIV hasta inicios del XX.
✉ South Street, La Valeta.
Teléfono: 356 21 22 57 69.
⊙ de lunes a domingo de 9.00 a 17.00 (última admisión a las 16.30); sábados de 9.30 a 12.30.
Entrada: adultos 2.33 €, estudiantes y jubilados 1.25 €, niños de 6 a 11 años 0.58 €, niños menores de 6 años gratis.

MUSEO NACIONAL DE LA GUERRA
Con la llegada de los británicos, Malta se convirtió en un punto estratégico para su dominio del Mediterráneo. La colección del fuerte de San Elmo empieza en el siglo XIX, aunque el espacio dedicado a la Segunda Guerra Mundial es posiblemente el más interesante. Paneles fotográficos cubren gran parte del museo narrando la crudeza del conflicto en la isla.
✉ Fuerte de San Elmo, La Valeta.
Teléfono: 356 21 22 24 30.
⊙ de lunes a domingo de 9.00 a 17.00 (última admisión a las 16.30).
Entrada: adultos 2.33 €, estudiantes y jubilados 1.25 €, niños de 6 a 11 años 0.58 €, niños menores de 6 años gratis.

MUSEO MARÍTIMO
La exposición se organiza en orden cronológico, siendo el apartado dedicado a los tiempos de la Orden de San Juan el más extenso. Interesantes son también las salas dedicadas a oficios marineros tradicionales de Malta y a la flota británica.
✉ Antigua panadería de la Armada británica, Vittoriosa.
Teléfono: 356 21 66 00 52.
⊙ de lunes a domingo de 9.00 a 17.00 (última admisión a las 16.30).
Entrada: adultos 4.66 euros, estudiantes y jubilados 2.33 €, niños de 6 a 11 años 1.16 €, niños menores de 6 años gratis.

Monumentos

CONCATEDRAL DE SAN JUAN Y MUSEO CATEDRALICIO
La iglesia principal de La Valeta derrocha arte en cada una de sus capillas, una para cada *lengua* de la Orden. Con todo, las mejores piezas, incluidas las obras de Caravaggio, se conservan en el museo adyacente.
✉ St. John's Square, La Valeta.

PALACIO DEL GRAN MAESTRE
Actual sede del Parlamento, su visita permite apreciar el lujo con que vivía el líder de la Orden de San Juan. A parte de los dos patios y los aposentos, se puede visitar la armería
situada en los antiguos establos.
✉ Republic Square, La Valeta.
Teléfono: 356 21 22 12 21.
⊙ Palacio: cerrado durante las sesiones parlamentarias.
Entrada libre pero horario más reducido. Consultar previamente.
⊙ Armería: abierta de lunes a domingo de 9.00 a 17.00 (última admisión a las 16.30).

Transportes

ESTACIÓN CENTRAL DE AUTOBUSES
Fuera de las murallas se encuentra el centro de los transportes de la isla. Se pueden adquirir mapas de las rutas de autobús en los quioscos distribuidos por la plaza.
✉ City Gate, La Valeta.
Teléfonos: 356 21 25 00 07 / 08 / 09.
http://www.atp.com.mt

EL GRAN PUERTO EN BARCO
Los pequeños cruceros panorámicos de los puertos de La Valeta salen de Sliema a

las 10.30. También los hay que rodean Malta y Comino en un día.
✉ Captain Morgan Cruises. Dolphin Court, Tigne Sea-front, Sliema.
Teléfono: 356 23 46 33 33.
http://www.captainmorgan.com.mt

ALQUILER DE COCHES

Un vehículo propio es ideal para realizar diversas rutas por la isla, así como visitar las playas más tranquilas y alejadas. Se pueden encontrar desde 20 € por día. En Malta, como buena ex colonia británica, se conduce por la izquierda, aunque se suele comentar que los malteses no conducen ni por la izquierda ni por la derecha, sino por la sombra. El límite de velocidad es de 80 kilómetros por hora en todas las carreteras. Las principales compañías de alquiler tienen sede en el aeropuerto de Luqa.
Easycar: www.easycar.com
Europcar: www.europcar.com
Hertz: www.hertz.es
Malta Car Hire: www.malta-car.com
Sixt: www.sixt.com

Aunque es posible que busquemos un centro de playa para alojarnos, La Valeta es una buena opción si queremos movernos en transporte público o si primamos las visitas culturales. La ciudad tiene una amplia oferta hotelera completada por las poblaciones cercanas.

ASTI PENSIONE

Un clásico del alojamiento económico. Situado entre las callecitas del entramado urbano, es un hostal sencillo con ocho estancias. Pequeñas habitaciones y baños compartidos caracterizan este lugar que hace cuatro siglos era un monasterio.
✉ St. Ursula Street, 18, La Valeta.
Teléfono: 356 21 23 95 06.
Precios desde 20 € la habitación doble en régimen de *B&B*.
www.mol.net.mt/asti

BRITISH HOTEL **

Este hotel familiar tiene una larga tradición. Casi todas sus habitaciones tienen vistas al Gran Puerto y sus precios competitivos lo hacen una atractiva opción.
✉ Battery Street, La Valeta.
Teléfonos: 356 21 22 47 30 / 21 23 90 22 / 21 23 90 23.
Precios desde 80 € la habitación doble, según temporada.
www.britishhotel.com

OSBORNE HOTEL ***

Si sueña dormir en un edificio histórico, este elegante hotel le da la posibilidad de hospedarse

Los platos típicos de Malta a menudo son adaptados por los *chefs* locales para lograr platos más sofisticados.

en un palacio construido por los Caballeros de Malta en el recinto amurallado de La Valeta.
✉ South Street, La Valeta.
Teléfono: 356 21 24 36 56.
Precios desde 45 € la habitación individual y 65 € la doble en régimen de *B&B*.
www.osbornehotel.com

HOTEL PHOENICIA MALTA *****
El hotel de mayor lujo de la capital; ha alojado a la misma reina Elizabeth II. Desde la piscina se tienen vistas espectaculares de los bastiones, y todo el edificio disfruta de un emplazamiento envidiable sobre el puerto de Marsamxett.
✉ The Mall, La Valeta.
Teléfono: 356 21 22 52 41.
Precios desde 180 € la habitación doble. Descuentos especiales por reservas *on-line*.
www.phoeniciamalta.com

Restaurantes

En La Valeta se puede encontrar todo tipo de oferta gastronómica. Los restaurantes son especialistas en ofrecer un menú internacional con primacía de la cocina italiana. En muchos casos, los platos típicos malteses son adaptados por los *chefs* locales para ofrecer algo más sofisticado.

INSPIRATIONS
Sirve *snacks* y platos, aunque lo más famoso son sus postres. Interesante entre los locales económicos.
✉ Castille Square, La Valeta.
Teléfono: 356 21 24 12 24.
Desde 10 €.

CAFÉ JUBILEE
Lo mejor de este restaurante es su terraza con vistas a la concatedral de San Juan. Sirve comida italiana, ensaladas y hamburguesas.
✉ Republic Street, 59, La Valeta.
Teléfono: 356 21 23 62 57.
Desde 15 €.

AMBROSIA
Un típico restaurante estilo *bistrot*. Sirve comida maltesa, italiana y española durante la semana, y se convierte en bar de copas el fin de semana.
✉ Archbishop Street, 137, La Valeta.
Teléfono: 356 21 22 59 23.
Desde 20 €. Es mejor reservar.

LA CRIANZA
Raciones generosas de comida italiana. Sirven deliciosos platos con alcachofas en temporada y un tipo de pasta llamado crestas de gallo. Buena relación calidad-precio.
✉ Archbishop Street, 33, La Valeta.
Teléfono: 356 21 23 81 20.
Entre 20 y 30 €.

BLUE ROOM
Un céntrico restaurante chino para desconectar del Mediterráneo.
✉ Republic Street, 59, La Valeta.
Teléfono: 356 21 23 80 14.
Desde 30 €.

TRATTORIA PALAZZ
Lo más curioso de este restaurante de comida italiana y maltesa es su situación en el sótano de un palacio del siglo XVIII.
✉ Old Theatre Street, 43, La Valeta.
Teléfono: 356 21 22 66 11.
Desde 30 €.

RISTORANTE GIANNINI
Aquí se puede degustar el tradicional conejo maltés. Desde la terraza del piso superior se tienen vistas espectaculares del puerto de Marsamxett.
✉ Windmill Street, 23, La Valeta.
Teléfono: 356 21 23 65 75.
Desde 45 €.

THE CARRIAGE
El estilo de este local es algo afrancesado acorde con los platos *nouvelle cuisine* que

Malta es un buen lugar para los amantes de las compras. Joyería y ropa italiana, excelentes productos del mar, cristal de Gozo...

sirve. Muchos hombres de negocios y gente elegante de la capital, aunque los precios son muy razonables para el tipo de restaurante.
Valletta Buildings, South Street, 22, La Valeta.
Teléfono: 356 21 24 78 28.
Desde 50 €.

Desde mercados callejeros hasta *boutiques* de alta costura, Malta es un placer para los amantes de las compras. Los encajes y el cristal fabricados en Gozo son algunos de los productos más singulares. Se puede encontrar joyería interesante y ropa italiana. No podemos olvidarnos de los productos de la tierra como los vinos locales.

MERCADO AL AIRE LIBRE
Situado cada día en Merchant's Street, en el centro de La Valeta, aquí se ofrece gran variedad de artículos y se pueden encontrar piezas religiosas y algunos recuerdos interesantes. Lo mejor es disfrutar su atmósfera. Lo mismo sucede en el mercado del domingo alrededor de City Gate.
Merchant's Street, La Valeta.
a diario entre las 7.00 y las 12.00.

ARTISAN'S CENTRE
La gran variedad de productos tradicionales malteses se concentran en este espacio. Sólo en los centros productores se pueden encontrar mejores precios por el cristal y los encajes de Gozo y Mdina.
Freedom Square, 9-10, La Valeta.
Teléfono: 356 21 24 62 16.
de lunes a viernes de 9.00 a 13.00 y de 16.00 a 19.00; sábados sólo por las mañanas.

A. C. AQUILINA & CO.
La más antigua librería de La Valeta tiene un gran fondo de obras sobre el país y presume de tener todo lo que está disponible. Pasearse entre sus estantes es un placer para los bibliófilos.
Republic Street, 58, La Valeta.
Teléfono: 356 21 23 37 74.
de lunes a viernes de 9.00 a 19.00. El sábado hasta las 13.00.

Niños

Malta recibe mucho turismo familiar, por lo que encontraremos muchas actividades al aire libre orientadas a compartirlas con hijos. Dentro de La Valeta, pero las posibilidades son escasas.

MUSEO DEL JUGUETE
Muestra una colección de juguetes desde 1950.
✉ Republic Street, 222, La Valeta.
Teléfono: 356 21 25 16 52.
⊙ de lunes a viernes de 10.00 a 15.00.

THE MALTA EXPERIENCE
Dentro de la Sacra Infermeria se muestra un documental desde la llegada de los monjes guerreros a Malta y su vida en la ciudad. Estas figuras duales encandilarán a los más pequeños.
Mediterranean Conference Centre.
✉ Mediterranean Street, La Valeta.
⊙ de lunes a viernes de 11.00 a 17.00 (último pase a las 16.00); fines de semana hasta las 14.00.
www.themaltaexperience.com

MALTA A VISTA DE PÁJARO
Sobrevolar la isla en helicóptero es un placer que deleitará a los más pequeños. Este servicio se encuentra en revisión actualmente, por lo que hay que informarse.
Malta Air Charter–Helicópteros del Sudeste, SA.
✉ Aeropuerto de Luqa–Helipuerto de Gozo.
Teléfonos: 356 21 56 13 01 / 21 55 79 05.

PLAYMOBIL FUNPARK
¿Quién, cuando era un niño, no ha jugado con un Playmobil? La marca alemana ha abierto un centro cerca de La Valeta, en Hal Far, dedicado a estos entrañables muñecos. Incluye atracciones, un pequeño parque acuático y tiendas.
✉ HF80, Industrial Estate, Hal Far.
Teléfono: 356 22 24 24 45.
www.playmobilmalta.com

Copas

La Valeta siempre ha sido conocida por su silencio nocturno. Los muros que la encierran quedaban desolados tras la huida de los turistas regulares hacia localidades de costas circundantes. Hoy aún se puede apreciar este encanto nocturno, a pesar de que crece la oferta de bares de copas.

THE PUB
Este lugar ha pasado a ser conocido por la muerte de Oliver Reed mientras se rodaba *Gladiator*. Estética de un *pub* británico.
✉ Archbishop Street, 136, La Valeta.
Teléfono: 356 21 23 75 25.
⏲ diariamente, de 22.00 a 4.00.

THE LABRYNTH
Un lugar muy relajado. Con piano en directo.
✉ Strait Street, 44, La Valeta.
Teléfono: 356 21 24 80 02.
⏲ hasta medianoche.

CAFÉ JUBILEE
La decoración de este local nos transporta al pasado. Sirven buena comida durante el día y copas por la noche, cuando el blues y el jazz impregnan un ambiente, elegante y relajado de por sí.
✉ St. Lucia Street, 125, La Valeta.
Teléfono: 356 21 25 23 32.
⏲ de domingo a jueves hasta la 1.00 y hasta las 3.00 los fines de semana.

AXIS
Si se busca mover el esqueleto, hay que salir de La Valeta. Aunque domina la música electrónica, tiene espacios más pequeños donde bailar disco y salsa.
✉ St. George Street, St. Julian.
Teléfono: 356 21 37 38 30.
⏲ fines de semana y cada día en verano hasta las 4.00.
http://www.axis.com.mt

Malta gay

Malta no es una isla conocida por sus locales de ambiente. Sin embargo, cada vez hay más locales dedicados a un colectivo que está aumentando su visibilidad. Los más conocidos están cerca de La Valeta, aunque no en la misma ciudad.

ADAMS HOTEL&BAR
Abierto en 2006, integra alojamiento, restaurante y bar de copas para gays y lesbianas. Aunque la mayoría de la clientela proviene del hotel, el bar está abierto a clientes externos y es lugar de encuentro para la comunidad local.
✉ Ross Street, St. Julian.
Teléfono: 356 21 38 40 83.
⏲ diariamente a partir de las 21.00.
www.adamsmalta.co.uk.

KLOZET CLUB
Se compone de un club *dance* y de música electrónica y un *lounge* con un ambiente más relajado.
✉ Ball Street, Paceville.
Teléfono: 356 79 32 43 33.
Club: Abierto viernes y domingos desde las 22.00.
⏲ *Lounge:* miércoles desde las 21.00 y domingos desde las 18.00.
www.klozetclub.com

TOM BAR
Un local con trayectoria en las afueras de La Valeta. En el piso inferior pinchan música electrónica, mientras que arriba puede tomarse una copa y conversar.
✉ Crucifix Hill, 1, Floriana.
⏲ diariamente desde las 20.30.
www.geocities.com/tombarmalta

Mapa de transportes

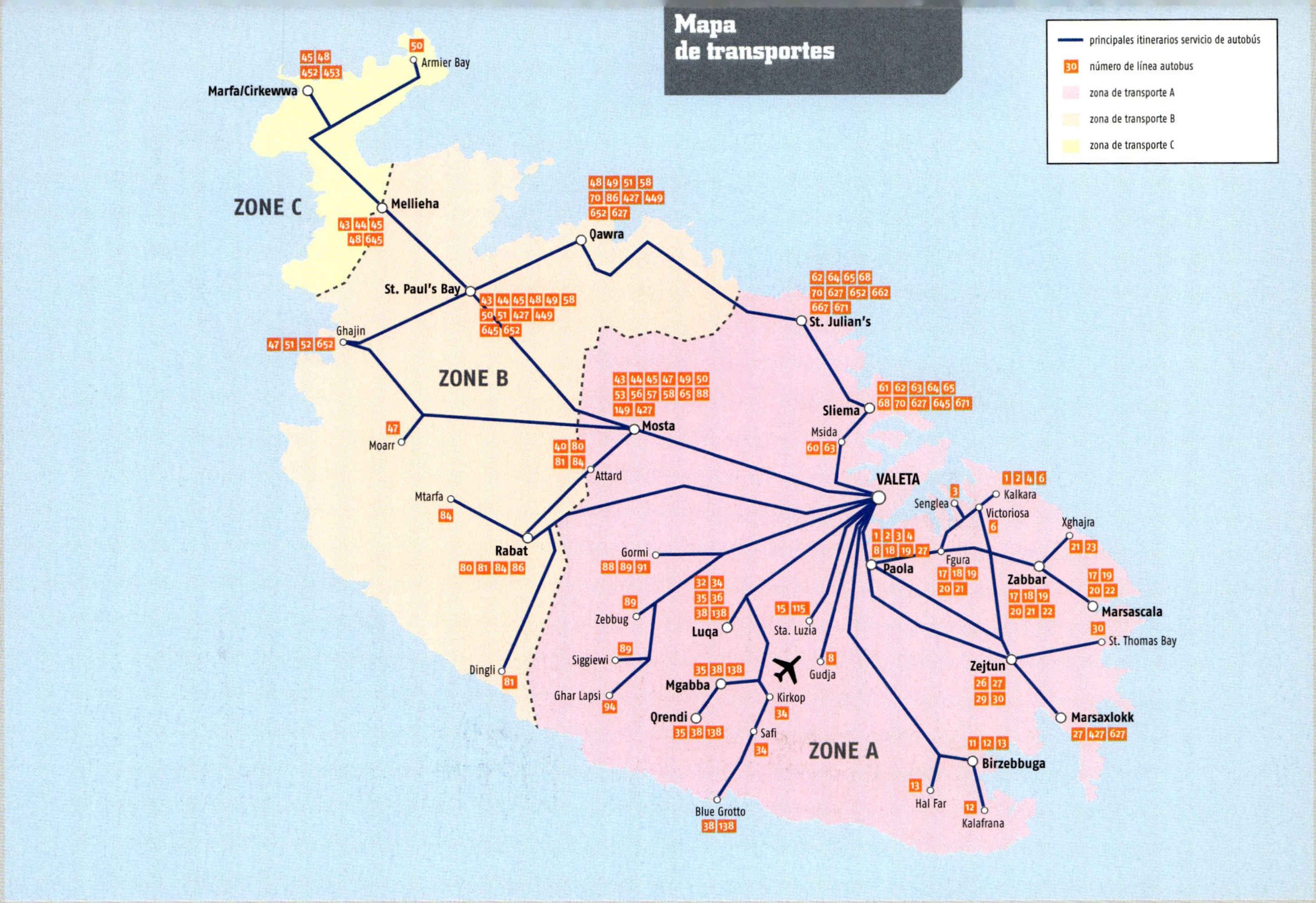

Idea Original y realización: ARA LLIBRES SCCL
Impreso por: Litofinter, SA

Diseño: Júlia Font i Cèl·lula
Edición: Montserrat Costas
Coordinación editorial y maquetación: 3'14, Servicios Editoriales, SL
Texto: Olga Moya, Enric Donate y Josep Ma Palau
Edición gráfica: Montse Marcet y Mariona Rovira
Cartografía: Enric Sorribas / Geotec
ISBN obra completa: 978-84-9815-127-5
ISBN: 978-84-9815-146-6
Depósito Legal: M-8207-2008

Fe de erratas: en la guía de Lisboa de esta colección se atribuyó por error la autoría de los textos a Aurora Torras, cuando en realidad el autor es Jordi Monner.